JN438578

오늘의문학시인선 414

걷자, 걷자꾸나

류봉희 시집

오늘의문학사

국립중앙도서관 출판예정도서목록(CIP)

걷자, 걷자꾸나 : 류봉희 시집 / 지은이: 류봉희. -- 대전 :
오늘의문학사, 2018
p. ; cm. -- (오늘의문학 시인선 ; 414)

ISBN 978-89-5669-896-0 03810 : ₩9000

한국 현대시[韓國現代詩]

811.7-KDC6
895.715-DDC23 CIP2018004087

걷자, 걷자꾸나

책을 내면서

밤송이 위에
앉아 보신 적이 있나요?
난 어릴 적에
깔고 앉은 적이 있답니다.
그런 통증을
가슴에 품고
먹먹함이 썩어 무뎌질 때까지
견뎌야 했던 아픔도 있었고요.
시간은 흐르고 이제야
달콤한 밤알을 먹어 볼 수 있습니다.
하지만 내가 아파했듯
많은 사람이 또 다른 아픔으로
고통스러워하는 것을 봅니다.

글쟁이는 글로
상처를 치료할 때
행복하다고 합니다.
난 항상 그런 글을 쓰고 싶습니다.
지금 이 글들이
작으나마 치료제가 될 수 있길 빌며.

2018년 2월
류 봉 희

축하글

류봉희 시인의 문집을 축하드리며

사르트르는 "우리가 우리의 신체 속에 있듯이 언어 속에 있다."라고 말했듯이 우리가 지향하고 엮어내는 언어들이 서로가 다른 견해 속에 문장을 이루어 낸다고 볼 수 있다.

사람 표정이 저마다 다르듯이 시인이 만들어 가는 시의 감성, 언어도 다 다르게 표출한다. 이런 면에서 내가 보는 류봉희 시인은 진정 개성이 깔끔하고, 강하면서도 이미지의 미감을 잘 꾸밀 줄 아는 시인이다.

가난하면서 현실성 있게 현실을 직시하지 않고 참여적인 비평을 늘 공부하며 노력하고 있는 그의 모습을 볼 때 고독한 면을 볼 수 있었다. 그것이 단점이 아닌 장점으로 승화되는 고독의 안정감을 찾는 길이 아닐까 한다.

서정시는 개인의 감정을 주관적으로 표현 한 류봉희 시인의 시는 현실적인 변화를 추구하며 자신에 대한 인내력에 참된 가치와 행복을 이르는 길을 찾아가는 순수한 면을 가진 이면을 그의 작품에서 볼 수 있다.

그리고 시를 읽으려는 독자의 입장에서는 시가 자신의 영혼을 맑게 하고 기분을 좋게 하며 내용에 공감으로 결국 행복해지기 위한 목적으로 읽는다고 봐야한다. 시를 읽고 나서 더 우울해지거나 화가 나거나 혼란스럽기 위해서 읽는 사람은 없을 것이다.

이런 면에서 진정 참되게 그의 시를 엿볼 수 있는 첫 시집 『생각의 차이』에 이어 제2시집 『건자, 건자꾸나』의 참여적인 면과 인내력을 기대하며, 인간적이고 순수한 류봉희 시인의 문운을 빈다.

이 용 주 시인

책을 내면서 … 4

축하글 … 6

1부

애벌레 ■ 15

봄은 열렸고 ■ 16

착시 ■ 17

날씨 ■ 18

하늘이 미쳤다 ■ 20

생각의 차이 2 ■ 21

생각의 차이 3 ■ 22

사계절 ■ 23

그댈 보내 드립니다 ■ 24

님 없는 가을은 ■ 26

그림 그리기 ■ 27

낙엽 ■ 28

가을은 ■ 29

부안에는 ■ 30

내 것과 네 것 ■ 31

하늘이 떡을 찧었다 ■ 32

눈보라 ■ 34

2부

매일 그대와 ■ 37
보고 싶소 ■ 38
얼굴 ■ 40
나를 잊는다는 것 ■ 41
하루를 또 보내고 ■ 42
찹쌀떡과 치아 ■ 43
아우내 공원 ■ 44
넋두리 ■ 45
날고 싶다 ■ 46
귀가 ■ 48
고백 ■ 49
삶의 지혜 ■ 50
순리 ■ 52
그려, 들이켜고 가시게 ■ 53
기로(岐路) ■ 54
착각과 오해 ■ 56
잊었던 향기 ■ 58
상상 속 일탈 ■ 60
미련 2 ■ 61
풀밭 ■ 62

행운 속에서 거닐다 ■ 64
중독 ■ 65
광대 ■ 66
다 그렇게 지내는가 봐 ■ 67
탈출 ■ 68
어 ■ 69
행복 찾기 ■ 70
체험일기 ■ 72
그리움으로 오시네 ■ 74
허무 ■ 75
걷자, 걷자꾸나 ■ 76

3부

아름다운 언어 ■ 79
굴레의 늪 ■ 80
고맙다. 무서워도 지지 마 ■ 82
외로움보다 더 아픈 것은 ■ 84
그냥 웃어요 ■ 86

고독이 몸부림할 때 ■ 87
외톨이 ■ 88
이제는 ■ 90
가끔 시려 올 때 ■ 92
국내산도 아닌 것이 ■ 93
일방통행 ■ 94

4부

보물찾기 ■ 97
사랑은 ■ 98
씨앗 ■ 99
인연 찾기 ■ 100
덤 ■ 101
안경테 ■ 102
핑계 ■ 103
우쿨렐레 ■ 104
유기견과 들고양이들 ■ 105
부용의 눈물 ■ 107

목석애 화가를 만나다 ■ 108
점프 점프 흔들어 ■ 110
닥터 털보 ■ 112
선머슴 그녀 ■ 114
구름을 걷다 ■ 115
댄스 댄스 ■ 116

‖ **해설** ‖
리헌석/ 갈등을 극복하는 건실한 의지 118

01 걷자 걷자꾸나

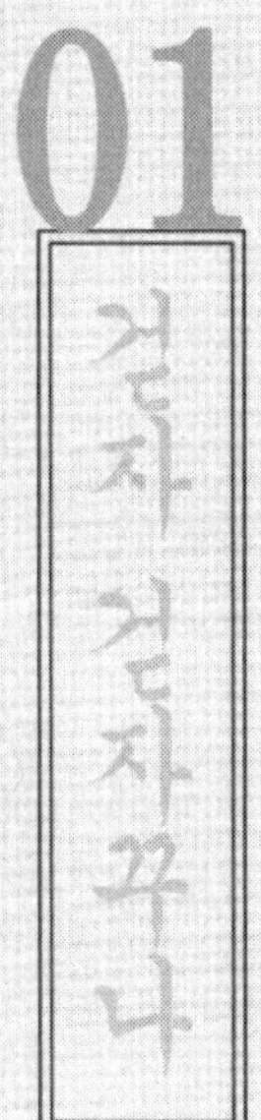

팝콘 터지고 봄은 열렸고 / 벚꽃 피고 개나리 피고
배꽃 피고 진달래 피고 / 바람 불고 비도 오고
봄은 그렇게 오고 나는 웃고 / 아 아야 아야 아 봄이로구나

애벌레

툭툭 투 둑 툭
차가운 바람이
돌돌 말아 쥔 이불을
툭툭 투 둑 툭 건드린다

바람에 꿈틀거리는 몸짓
가슴앓이 앓듯 덜덜
몸이 먼저 운다

무엇이 두려운 것인지
두꺼운 껍질 벗는 것을
힘겨워한다

지금쯤
태양을 봐야 하는데
아직도 먹먹함에
숨을 쉴 수가 없다

봄은 열렸고

뻑뻑 뻑뻑 뽀보복 뽀보복
팝콘 터지고 봄은 열렸고
벚꽃 피고 개나리 피고
배꽃 피고 진달래 피고
바람 불고 비도 오고
봄은 그렇게 오고 나는 웃고
아 야야 야야 야 봄이로구나

뻑뻑 뻑뻑 뽀보복 뽀보복
삶이라는 건 외로운 거
쓸쓸한 건 힘이 드는 거
홀로 된다는 건 움츠린 거
봄이 오는 건 행운이 오는 거
행복은 그렇게 오고 나는 웃고
아 야야 야야 야 축복이로구나

착시

하늘에서 실타래같이
가늘고 긴 물줄기를
땅으로 내리 꽂는다

소리를 품고
바람이 내 귓가에 속삭여
달콤한 꿀잠을 깨운다

움푹 팬 듯한 착시에
무의식적으로 문을 열고
아스팔트를 확인한다

새벽 3시
빗소리와 땅의 울림으로
달콤한 잠이 사그라졌다

날씨

무엇 때문에
화가 났을까
찡그린 얼굴
근심 서려있네

톡 건드려도
울 것 같은
울음 가득한 얼굴
서러운 한이 묻어있네

화가 묻어 찌뿌둥한
오늘 날씨
모든 것이 의미 없는데
통제할 수 없는 심장처럼
마음이 혼란스럽네

오늘
내 심장 어수선 하니
하얀 눈 내려

세상 바꾸듯
내 근심 씻겨 주시길
꿈꾸어 보네

하늘이 미쳤다

찐다
물 폭탄 쏟아 붓던 하늘이
삶을 듯 쪄댄다

아스팔트 위 아지랑이
갈증으로 목메어
미친 듯 춤을 춘다

도로변 비닐하우스
물 폭탄 때문에 무너져
심장이 멈춰져 있다

찐다
어제는 울더니
오늘은 통으로
푹푹 쪄댄다

생각의 차이 2

날씨가 따스하니 너무 좋다
쉬는 날
여유를 느낄 수 있어
더욱 그렇다
일할 때
짜증스런 무더위인데
햇빛과 그늘을 오고 가며
최상의 기분 속으로
지금은 빠져든다

생각의 차이 3

햇살에 눈살이 찡긋해도
따스한 미소가 보이면
소소한 행복이라 좋다

피곤함에 기지개를 켜도
나른함 속에 여유가 보이면
행복의 씨앗이라 좋다

생각이 사람을 바꾸고
여유가 사람을 풍요롭게 만들고
지금은 행복을 꿈꾼다

사계절

코스모스
바람에 흩날릴 때
옷깃 잡고 석양 등지니
외로움이었네

눈 꽃송이
이슬처럼 일렁일 때
새싹은 숨죽여
꿈을 꾸었네

봄나물 돋아
웃음 찾을 때
자연스러움에
세상은 참 아름답네

아지랑이 휘날려
삶이 숙성될 때
순리처럼 또
무더위를 되뇌네

그댈 보내 드립니다

이슬비 날리옵니다
낙엽은 내가 싫은 듯
곁에 오지도 않고
차가운 내 볼 살
톡톡 치며 바람만 웃습니다

난 이슬비 맞으며
그곳에 머물러 있고
심술쟁이 바람은 지금도
낙엽으로 장난을 합니다

짧은 가을처럼 아무것도
이룬 것이 없는데
올해도 가슴앓이 하듯
그댈 떠나 보냅니다

멍하니 바람은 불고
씁쓸하게 이슬비는 내리고

약 올리듯 낙엽은 곁에서
아직도 날아 오릅니다

님 없는 가을은

살사리꽃 그대가 피었기에
가을이 되었고
님 없는 지금 또옥 또옥
그대 일부를 떼어 놓으며
하늘 향해 날리었네

님 없는 가을은 언제나
외로움으로 지나가리

생각을 비우고 마음 가볍게
바람에 몸의 기운 얹혀 놓으니
삶의 외로움 그대로 흘러가네

님 없는 가을은 언제나
외로움으로 지나가리

그림 그리기

노랗게 물든 배론 성지공원에
붉게 물든 단풍잎 섞어
수채화를 그린다

건물도 넣고
사람도 넣고
그리움까지 그려본다

최양업 신부 조각공원에서
조각상을 등지고
책을 꺼내 읽는 꼬마천사를 보며
순간 밝은 미소가 내려앉는다

햇살은 내리고
미소는 피어나고
마음은 따스함이 스며든다

낙엽

눈엽은 어느새
부끄러움을 지나
앙상하게 변해
바람에도 날아오른다
순간이동인가
기억상실인가
나의 모습과 환경도
시간이 남몰래
낙엽처럼 당겨 놓았다

* 눈엽 : 새로 돋아난 작고 연한 잎

가을은

노랗게 물든 단풍
곧 바람에 휘돌려
떨어지겠네

가을바람을 밀어내고
겨울이 나를 부르고 있다

오늘 또 어떤 시어들이
날 기다리고 있을까

눈으로 거리를 스케치 하고
상상으로 뎃생을 하며
그렇게 시간 죽이길 해본다

부안에는

오늘
곰소항 일몰에서
용도 보고 봉황도 보았노라

오늘
내소사에서
노랗고 붉은
그들을 보았노라

오늘
청자박물관에서
엔젤트럼펫 향도 맡고
갈대숲도 느껴 보았노라

오늘
전북 부안에는 내가
바람처럼 머물다
향기 묻고 왔노라

내 것과 네 것

서리 내리던 날 아침
까치밥 주렁주렁
맛깔나게 영글었다

나무 밑 쭈그려 앉으면
홍시 떨어질까
입을 벌려 보아야
맛을 느낄까

어느새 해질녘
궁시렁 궁시렁
저린 다리 일으키며
돌을 던져본다

오늘 홍시 먹기는 틀렸어
내 것이 아니었던 게지
내 것과 네 것
욕심이 나를 병들게 한다

하늘이 떡을 찧었다

머리 위 하늘에는
수증기 대신 눈송이로
가마솥 같은 땅에는
백설기 대신 눈뭉치로
하늘이 떡을 찧었다

간간히 팥과 콩 대신
사람의 발자국으로
콩고물은 물이 된 웅덩이로
주변을 장식하며
시루떡을 하늘이 찧었다

시루떡 찧는 모습은
나의 님 만난 것처럼
황홀하게 아름다웠고
세상 환경은 바뀌었으며
그 모습에 나는 나를 잊었다

내 두 눈은 영상으로
내 머릿속은 그림으로
내 두 손에는 현실 속에서
지금 운전핸들을 꽉 잡고 있다

눈보라

흰 눈 날리면
그댄 따스함으로
좋아서 웃고
난 부끄러워
찔끔 찔끔 물이 된다

수북하게 쌓인 눈 덮치며
그댄 푹신함에 좋아서 웃고
발버둥에 눌린 난
찔끔 찔끔 또 물이 된다

부끄러워 친구를 데리고 오니
그댄 귀찮음에
삽으로 나를 맞이하고
이제 나는 미안함에
혼자 다녀야겠다

올해 폭설은 드물 것 같다

02 걷자 걷자꾸나

날고 싶다

펼칠 수 없는 날개와/ 달릴 수 없는 다리로

하늘을 날아오르고 싶다

매일 그대와

그대와 함께하는 꿈을
매일 봅니다

간밤에
숲길을 어루만지면
향긋한 내음으로
콧잔등을 간지럽히고

계곡물 졸졸 흐를 때
혀끝으로 휘저으면
황홀함에 파르르
몸부림 합니다

그대와 함께하는 그림을
매일 그려 봅니다

보고 싶소

그대의 미소가 보고 싶소
웃음 가득 머금고 있는
그 미소 그 눈짓
생각만으로
나를 잊게 하오

생기를 나눠주며
갈증을 해소하듯
그대의 미소에는
따스함이 머물고
느낌만으로
나를 잊게 하오

그대의 언어가 듣고 싶소
낭랑한 소리
귓속에 들려오고
그대의 미소에 취한 난
머릿속 꿈길에서 그댈
되뇌고 있소

눈 감으면 떠오르는 얼굴
웃으면 웃는 미소가
꽃이 되는 그대
함께 하고 싶은
아름다운 꽃이여
보고 싶소

얼굴

천의 얼굴을 가진 님아
웃어라
내가 너를 믿으니

몸은 너덜너덜 울고
마음은 병들어
이젠
세상을 비웃는구나

웃어라
나의 님이여

하늘 위
둥근달을 보고
이제
입 꼬리 올리며
미소 지어라

나를 잊는다는 것

따스한 오후
내 육체는 아무 생각 없이
여고 주차장에
놓여 있는 것 같다

무엇 때문에 왔는지
목적도 없고
그저 날씨만 느끼고 있다

고단한 몸
빠르게 달려온 인생
오늘 날씨에
느림의 미학을 느낀다

간간히 울지 않는 폰을 보고
조금씩 목적도 희석되어 가고
여고 주차장에 나는
아직 놓여 있다

하루를 또 보내고

이 세상 떠나면
무엇이 보일까
저 언덕 너머
숲처럼 맑을까

이 세상 떠나면
무엇이 들릴까
침묵의 고요함에
눈물 소리 들릴까

존재의 흔적도 없는 영혼
이 세상 등지면
그곳에서는 또 다른
나를 찾을 수 있을까

새벽닭이 호들갑 떨며 운다
반걸음 디밀다 놀란 영혼
아직은 아닌가 보다

찹쌀떡과 치아

그댄
말랑말랑
달달한 연인

난
두꺼비 같은
우락부락 포식자

내 몸 썩어도
곁에 놓고 싶은
불편한 진실

그댄
쫀득쫀득
다정한 연인

* 8개의 충치 치료에도 달달한 것이 땡긴다.

아우내 공원

바람이 아우내 공원을
세차게 휘몰아 돌고 갑니다

사람의 발길이 아쉬워
옷깃을 부여잡게 하고
가슴 깊이 흔적을 아로새깁니다

눈을 감으니
바람이 시를 읊조립니다

그동안 잊혀 왔던
유관순 열사의 아픔이
센바람으로 다가와
얼얼하게 합니다

* 아로새기다 : 또렷하고 솜씨 좋게 파서 새기다
* 읊조리다 : 뜻을 새기면서 낮은 목소리로 읊다
* 얼얼하다 : 상처가 나거나 하여 몹시 아리다

넋두리

입이 심심한 겨
몸이 심심한 겨

걍 푸아 입 한번 풀고
뿌지직 몸통도 풀고

그래도
찌뿌둥하거든

오늘 주말이니 가족과 함께
행복이나 주우시게

날고 싶다

날고 싶다
펼칠 수 없는 날개와
달릴 수 없는 다리로
하늘을
날아오르고 싶다.

달리고 싶다
꺾인 날개와
부러진 다리가 되어도
숲길을 달리고 싶다

빙글 그려진 원 안에서
날갯짓 못 하지만
그래도 한때는
날아오른 적이 있었다

지금 잔잔한 빗소리에
영혼이 무너지고
먹먹한 삶의 외로움,

닭장의 새처럼
쉼 없이 처량하다.

귀가

고가다리 밑 포차가 있다
소주 한잔으로 해갈하며
헝클어진 마음 추스르고
돌침대 같은 보도블럭 위에 눕는 이 있다

방황하는 나그네의 아픔일까
노숙하는 자연인의 아픔일까
그 옆에 박스 가득 얹은 리어카가 있다

빙 돌고 돌아 해님 웃고, 어느덧
리어카를 끌고 있는 취객이 보인다

행동이 멈추면 잠자리는 누구나
노숙하는 자연인이 되는 것 같다

고백

이슬비 내리고
모래 틈 사이로
내 열정이 들어갑니다

시멘트 가루가 섞여
단단함이 완성되듯
내 열정이 흐릅니다

먼지처럼 사라질 시향
그래도 하나둘
읽혔으면 좋겠습니다

응원 없는 무명이지만
한 분이라도 소중하고
또 읽히길 원합니다

난 보이지 않는
언어의 영혼
글쟁이입니다

삶의 지혜

나에게 자유란
주변의 많은 사람이 양보해 주었던
공간의 틀 속에서 얻어진 것이다

나의 자유는
배고픔에 지친 사람들에게
한 숟가락 얻어먹는
식사와 같은 것이다

내게 자유는
모르는 사이에 조금씩 조금씩
평화로운 씨앗을 남겨놓는 것이다

자유는
주변 환경이 서로서로
양보해야 얻어진다

자유는
누리는 것이 아니라

얻어지는 것을

의미있게 사용하는 것이다

순리

나뭇잎에게 나무는
생기를 나눠주고
낙엽은 나무에게 보은하듯
이불 되어 생명을 이어 줍니다

자연의 순리
돌고 돌아가는 것을

오늘
촛농 녹듯 이어가던 삶이
따스함의 대지를 감싸 안고
살아가라합니다

결국
들판의 곡식을 먹고
흙으로 돌아갈 몸
자연의 이치를 배웁니다

그려, 들이켜고 가시게

별 총총 밝은 날
다들 바삐
어딜 그리 가시는가

이 보시게들
젊을 때 하늘 한 번은
보고 가시게

먼저 뛴다고 쉼 없이 뛴다고
어벌쩡 넘어가는
사후세계의 번호표는 없다네

그려, 그러니
한숨 들이켜고 가시게

* 어벌쩡 : 말이나 행동을 슬쩍 어물거려 넘기는 모양

기로(岐路)

육신은 굳어 퇴색되고
기억은 가물가물 사라지고
세월이란 공간 속에
내 혼이 길을 잃고
흐느적 팽 돈다

가끔 또 다른 기억 너머
나를 되뇌면 내 혼이
먹먹한 아픔에 혼란스러워
스르륵 지워지고
부서져 내릴 것 같다

잡을 수 없는 바람처럼
아련한 내 삶이
어느새
시계의 중심에 휩쓸려 있다

이에 무일푼인
내 몸 내 혼이

오늘따라 유난스럽게
눈물샘을 쓱 훔친다

착각과 오해

숫자 육이
경품에 당첨되었다

육인지 구인지
둘이 하나 되는
숫자의 착각

밑줄은 육이요
난 숫자 구이다

추첨인
손에 쥔 것은
숫자 구요
외침은 육이라

참으로
아이러니한
숫자의 착각이다

수없는
착각과 오해 속에
살아가는 우리
확인은
그래서 꼭 필요하다

잊었던 향기

솜이불 두텁게 껴안고
보글보글 맺힌 땀방울로
시큼한 향기를 내뿜으며
내 몸속의 독소를 제거한다

감기가 목을 감싸 안고
목젖을 살살 간질이면
갈갈하게 느껴지는 불쾌함
시큼한 향기를
만들고 있기 때문이다

할아버지 할머니 곁에
항상 묻어 있던 냄새
시큼한 냄새가 오늘은
내 몸에도 묻어 있다

푹 삶은 듯 뽑아낸 육수
보글보글 맺힌 땀방울이
시큼한 향기를 뿜어내고

향수에 젖은 나는
그리움에 젖어든다

상상 속 일탈

새벽이슬 맞으며
풀잎들은 일어나
나의 등을
떠밀친다

어디부터였던가
사라진 기억은
풀밭을 눕혀 놓는다.

어제는 그리움에
오늘은 반가움에
집처럼 풀밭을 찾는다.

내 안에 내가
나에게 내가
묻고 또 듣는 것은
행복하니 행복해!

미련 2

웃니
웃어
그런데 왜
슬퍼 보여

우니
울어
그런데 왜
내가 아파

몸은 웃고
마음은 울고
젊지만
삶이 그렇지

오늘은
그냥 흘러
삶도 때론
방황이잖아

풀밭

이곳은 쉼터
힘이 들면
찌든 가식 뱉어내고
누우면 된다

짓궂은 운명이
많은 영혼을 얽히어
풀밭에 뉘었다

실타래 엉킨 것처럼
꺾여진 풀밭에서
양말도 긴 밤을 울어 주었다

옹알옹알 내뱉으며
내 한 몸
기댈 곳이 풀밭이다

어이할꼬
개미도 이제는

꼬집듯이 깨물며
자신의 집에서 나가라 한다

행운 속에서 거닐다

볼 수 있다는 것
들을 수 있다는 것
말하고 씹을 수 있다는 것
자연스럽게 움직일 수 있다는 것
모든 것이 다 행운이다
그러므로 난 아직 행운 속에 있다.

중독

매화 꽃 피던 날
쉼 없이 손가락을 움직여
스마트폰을 터치하고
봄꽃을 찍는다

열차 안
엉켜 있는 많은 사람이
스마트폰을
반복적으로 터치한다

매실 열매 주렁주렁
계절이 바뀌어도
사람들은
스마트폰을 터치할 것이다

시력은 침침해지고
모르는 사이
화면이 손안에서
돌고 있다

광대

“수영도 못 하는 놈이
뭍에서 허우적거리는 꼴이다.”
난 허허 웃었다

그가 말하길 “우스운가?
이 가면 속 광대가
그대였음을 아시는가?”

난 그래도 허허 웃는다
짠 물줄기가 이미
입가에 묻어 있기 때문이다

다 그렇게 지내는가 봐

힘들면 짜증내고
외로우면 발광을 하고
다 그렇게 지내는가 봐

특별한 날 만들고
잊지 못할 날 만들고
다 그렇게 지내는가 봐

힘들면 울고
외로우면 웃고
나만 외톨이인가 봐

밋밋한 날 넋 놓고
왁자지껄 시끄러운 날 흘려듣고
나만 별종인가 봐

탈출

나를 병들게 하는 욕망
매일 십에 삼이 부족하여
혼돈 속으로 밀어 넣었습니다

으엉 으엉
꺼억 꺼억
가슴이 부릅니다

내 흔적
맛있게 읽던 먹충이
널브러진 모습
보고픈 것은 아닐 텐데
무심하게 바라만봅니다

으엉 으엉
가슴이 소릴 지르고
신체 일부라도 버려
물질의 족쇄를 끊으라합니다

어

어
어~어
헉
허~억
잠깐의 틈 사이로
시간이
지나갔구나
마음은
20대 후반
현실은
40대 후반
휴~
여기쯤
내가
배달되었구나
그러므로
오늘의 웃음만은
기억해 놓아야겠다

행복 찾기

그대는
나를 아시오
나는
사소함 속에
묻어 있소

가난한 사람은
마음의 여유가 없어
날
찾지 못 하오

부유한 사람은
흥미가 없어
날
찾으려하지 않소

그대는
나를 아시오
난

표현하지 않는
그댈 모르겠소

체험일기

만지고 또 만진다
그리고는
미묘한 촉각을 느낀다
안대 너머의 세상과
어둠을 체험하는 세상은
달랐다.

보고 또 보며
소릴 그려 넣는다
뇌 속으로 그린 소리는
귀마개 너머의 소리와
다른 것이 너무 많다.

세상에서
귀한 것이 많으나
내게는
무탈함이 축복이고
보고 들을 수 있는 것이
큰 행운인 것 같다.

축복과 행운이
닿아 있으니 기쁠진대
마음은
'노심초사' 혼란스러워
'시나브로'
준비가 필요할 듯하다.

* '노심초사' : 마음으로 애를 쓰며 속을 태우다
* '시나브로' : 모르는 사이에 조금씩 조금씩

그리움으로 오시네

비가 내리는 날
낙엽 소리를 듣네

오후엔
창가에 앉아
흐릿해져 가는
아버지를 회상하네

시간은 흘러도
곁에 항상 계셨음을
어찌 잊으리오

비가 내리는 날
문득
그리움으로 오시네

허무

바람이 분다
나의 향기를 감싸고
바람이 지나간다

나뭇가지를 흔들며
이파리도 떨구고
바람이 그렇게 할퀴고 간다

바다에 이르러
향기는 내 것이 아니었다

그러므로 나는
존재를 의심하게 되었다

걷자, 걷자꾸나

세월아 걷자꾸나
헐떡이는 숨 진정시키고
행복 찾아 걷자꾸나

숨 가쁘게 달려온 시간
아프기만 하니
이젠
행복 찾아 걷자꾸나

얼굴에 그린 그림이
밝은 미소로 꽃 피우면
참 행복이라

이제는
그 웃음 꽃 찾아
헐떡이던 숨 진정시키고
세월아 걷자꾸나

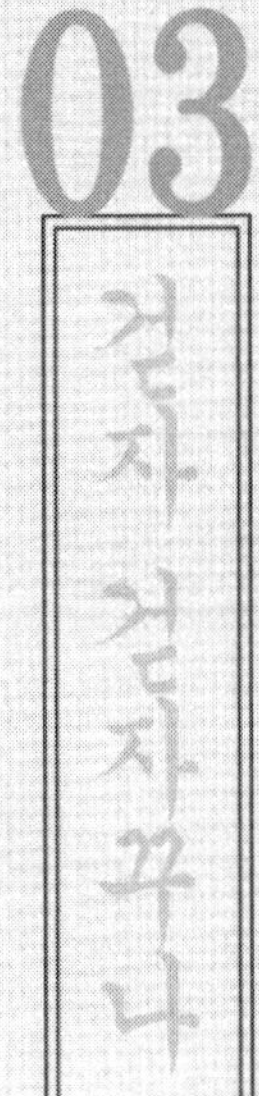

햇살 따스한 그 곳으로 / 가시는 길에
걸림돌 되지 않게 / 두 눈에 호스를 붙여
하늘 높게 뿌려드릴게요

아름다운 언어

사랑한다는 말
생전 못해 드린 것이
뇌리에 각인되어
눈물이 흐릅니다

아직 곁에 계신 듯한 느낌
못난 자식은
죄인처럼 고개 숙이고
콧물은 똬리를 틀고 흐릅니다

죄송합니다. 그리고
아직도 사랑합니다
이젠 그 언어들을
많이 뱉어내겠습니다

지금 흐르는 금강 물결 따라
또다시 아름다운 언어를
씻겨내 봅니다
"사랑합니다."

굴레의 늪

걷고, 걷고 또 걸었습니다
화면이 빠르게 바뀌면서
달팽이, 개미 등 곤충들이
뒤처지는 것을 보았습니다
숙였던 고개를 들어
가쁜 숨을 진정시켜봅니다
시야에 들어온 것은 익숙한 환경
다시 하늘을 보니 그 자리 그대로였습니다

뒤에서 엄습했던 삭막함의 공포
무겁게 느껴졌던 발걸음의 추
고달프게 달려온 인생은
제자리걸음 그대로였습니다
풍요로운 삶을 살고 싶은데
현실에선 처절한 삶의 애환으로
경제속도를 일깨워 줍니다

지금
달팽이보다 빠른 걸음으로

개미와 경쟁을 합니다
비슷한 환경 속의 친구들
구원의 손길로
햇살 가득한 깨달음 주시길
각자 다른 믿음의 그분들께 기도 합니다

고맙다. 무서워도 지지 마

얼마 전
많이 아픈 친구가 전화해서
내 건강을 챙겨 주네요
본인은 오늘 낼 하면서
그리고는 무섭답니다
해줄 말이 없어
난 그저 고맙다 했어요
아직
그 무서움과 싸우고 있는
친구이기에

오늘도
인연 있는 분이
무서움과 싸우시는 듯하여
언어를 내려놓고 갑니다

고맙다
아직 인연이 연결되어서
고맙다

힘겨운 아픔과 싸워서

고맙다

그 모습에 내가 아려서

그러니 지지 마

* 모야모야 병이 주변에 있었다. 뇌졸중이 주변에 많다. 고혈압은 내 곁에 있다. 그래도 이 모든 아픔을 겪고 있는 조돈일 친구에게서 씨앗을 찾았다.

외로움보다 더 아픈 것은

비님 내린다
내 마음 토닥이듯
찔끔찔끔 짜내며
보슬비로 내린다

눈물 흘린다
생일날 혼자인 것이
외로움보다 더 아프게
콕콕 찌른다

외로움으로 쌓이는 것은
쳐진 살가죽
홀로 서있는 무관심은
세월의 무게

나는 홀로 지쳐
이제 엄니 품속으로
돌아가야 하나 보다

지금
보슬비는 사라지고
장대비가 쏟아진다

그냥 웃어요

큰 바위 얼굴
작은 바위 얼굴
묻지 않고 그냥 웃어요

가슴 속 아픔을
굳이 끄집어내
울 수는 없잖아요

가끔 깃에 자존심 담아
날 선 옷깃을 스쳐보며
어이쿠야 스르륵
눈물도 떨구어 보았어요

행복은 웃음 속에 있는 것
삶은 외로움이잖아요, 그러니
오늘도 그냥 웃어요

고독이 몸부림할 때

화려한 싱글 그 꿈은
현실이 아니므로 갖다 버리세요
홀로 걷는 삶은 축복이 아닌
외로움의 무덤

스포츠카의 빠른 속도처럼
하늘 끝점을 향해
세월의 무게는 달려가고

동행 없는 외톨이로
외로운 길을 홀로 나서는 것은
외발자전거 타는 것처럼
위태롭게 굴러가는 것입니다

이제 화려할 것 같은
싱글의 망상은 버리고
더불어 동행할 수 있는 삶을 찾아
외로움의 무덤에서 벗어나려 합니다

외톨이

별빛 머문 하늘을 봅니다
눈 감으면
다시 못 볼 것 같아
영혼을 붙잡아
긴 밤 동행을 요청합니다

아침이슬
눈두덩이 머물러
선잠을 깨우고
하루를 또 시작하는 것이
아직 할 일이 남아 있나 봅니다

별빛은 반짝이었고
아침이슬은 촉촉했으며
난 숨을 내뱉고 있습니다

통증으로 외로움을 호소하며
누구나 가슴 부여잡고 아프면

나약한 외톨이가 되는 삶의 진실
으엉 으엉 눈물이 흘러내리고 있습니다

이제는

이제는
청마 타시고
복 가득한 그 곳으로
가시려나 봅니다

미세 먼지
자욱한 하늘
눈 샘에서 쏟아지는
물줄기로 씻겨 드려요

햇살 따스한 그 곳으로
가시는 길에
걸림돌 되지 않게
두 눈에 호스를 붙여
하늘 높게 뿌려드릴게요

남아 있는 미련은
나중에 옷고름과 같이

보내 드릴 테니

맘 편히 가시옵소서

* 아버님 먼 곳에서 맘 편히 행복하소서.

가끔 시려 올 때

톡 톡톡
넌 괜찮은 거지
걱정되어 건드려 봤어
안부 인사로 생각해
그동안
너무 아프고 아려서
생각해야 할
틈이 없었나 봐
그러니 이 정도에서
이해해주고 견뎌줘

국내산도 아닌 것이

바이러스가 지우개를 가져와
사람들의 코와 입을 지우고
눈으로 읽으라 합니다

아직 귀가 열려 있는데
국내산도 아닌 것이
지금은 닫으라 합니다

재채기 한 번에 스타처럼
시선을 집중시키고
몸 떨림 한 번으로 격리되는 세상

그것들은 어느 곳 어떤 공간이든
죽음의 공포를 확산시키고 있습니다
사스, 에볼라, 메르스…

일방통행

바람이 나뭇가지 흔들듯
가만히 있어도
모함은 시작되고
억울함에 꿈틀거리면
상황종료란다
워~미

난
나쁜 놈이었을까
좋은 놈이었을까
그저 그런 놈이었을까
결과는 언제나
묻지마였다

바람은 흔적을 남기고
억눌린 아픈 가슴은
부서져 쓸려 내리고
내 정신 내 육체
그저 지금은
흐르는 세월이 된다

04

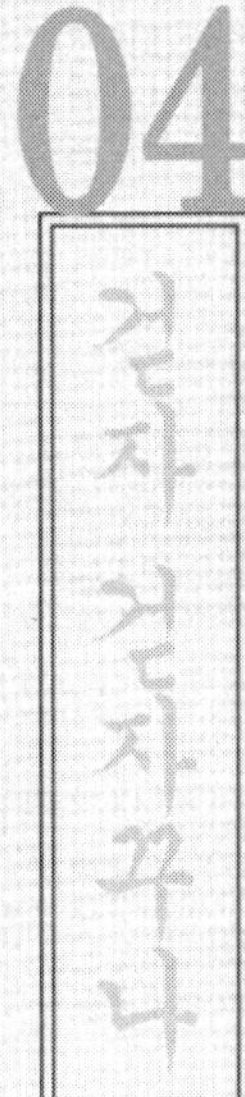

걷자 걷자꾸나

하늘에 달이 매달린다

안경 넘어 꿈속에서 보았던/ 환희를 지금

그는 미소로 담고 있다

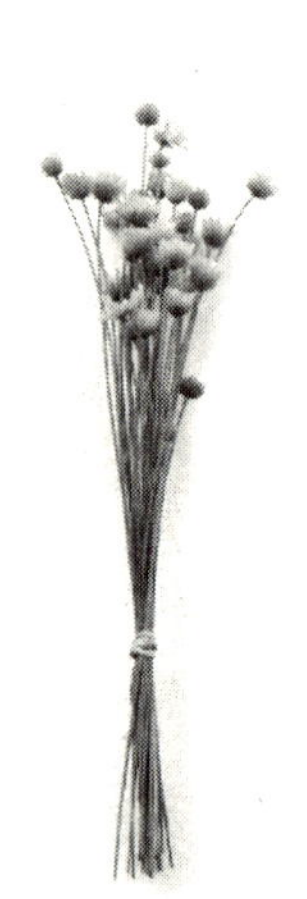

보물찾기

흐르는 강물처럼 시간은 흘러
꿈꾸었던 언어는 희미해지고
예정된 만남은 점점 줄어
조바심에 가슴만 두드린다

잎새에 흐르는 이슬방울도
떨어지면 소리를 내건만
그댄
어디에도 느낌이 없구나

사랑아 사람아
나의 보물 연인이여
어느 곳에 머물러 방황하고 있는가

오늘
초침 같은 시간을 머리맡에 놓고
그댈 찾으러 달려가 보련다

사랑은

외로움은 술을 찾고
술은 망각의 숲을 만들고
발정 난 쾌락의 행위가
사랑의 이름으로 변용되어가네

술에 취해 방방 뛰다
고깃덩어리
굴러다니는 것처럼
비틀거리는 그대여

사랑은
굶주린 개가
헐떡거리며 침 흘리는
그런 행위가
전부는 아니라오

달콤하지 않아도 지그시
눈 감을 수 있는 믿음
사랑은 아직도
좋은 향기가 살아 있는 꽃이라오

씨앗

문을 열어봐
가슴 곧게 세우고
사랑을 구석구석 찾아봐

은은하게 향기 흘려도
마음 얽매이지 말고
움직이는 씨앗을 찾아봐

육체는 세월을 먹어도
순수한 씨앗은
영혼 맑게 씻겨주잖아

문을 열어봐
가슴 곧게 세우고
원하는 삶을 찾아봐

인연 찾기

곁에 오지 마오
슬픔에 물들어 갈
그대 볼 수 없고
멀리서 보는 것으로 충분하오

아픔이 머문 그곳
그 환경 나눠줄 수 없기에
날 닮은 그대가 꿈에라도
남아 주시길 빌 뿐이요

지금까지 스쳐간
아픔과 슬픔 그리고 추억
인연 찾기 과정인 것을,
그댄 어디에 있소

떠나간 세월의 인연
꿈이었다 말하며
나를 닮은 또 다른 그댈
찾으러 떠날까 하오

덤

콩을 드르륵 갈아서
꾹 누른 후
진액을 짜낸다

고소한 맛을 낼
두부 재료와
볼품없는
찌꺼기를 얻는다

찌꺼기는 비지가 되고
비지는 찌개로 태어나
미친 식욕을 부른다

콩이 두부를 만나고
그로 인해
비지의 구수한 맛을
덤으로 얻었다.

안경테

노랗고 붉게 물든
수채화 속에
벽도 그려 넣고
사람도 그려 넣었습니다

전문가 보기에
졸작이라 웃겠지만
그곳에 내가 있어
그냥 행복합니다

나를 통해 보는 세상
인간의 눈이 웃으면
그것으로 만족합니다

멋을 위해 날 찾을 땐
그를 감싸 안고
보디가드가 되어줍니다

난 그런 삶이
마냥 좋습니다

핑계

지그시 눈꺼풀 내리고
미소를 짓는다
졸려 잠에 취한 것인지
분위기에 취한 것인지
강한 음향의 소리에도
거실 바닥을 쓸고 지나
눈꺼풀은 밑으로 내려져 있다
미소 가득 머금고 웃어라
난 절대 잠에 진 것이 아니다
행복의 꿈을 보았을 뿐
외로움은 많이 나눠야 가볍고
그러므로 색다른 맛이 있다.

우쿨렐레

드럼과 기타 소리에 묶여
들리지 않는 우쿨렐레 소리

귀를 쫑긋 세워야
나지막하게 들리는 소리

장난감 기타에
낚싯줄 묶어 지르는 소리

동작은 까짝 까짝 하지만
소리는 동심에 묶여 정겹다

* 우쿨렐레 장폴 공연장에서 옛날 어린이 장난감 기타의 정겨움을 듣다가 씨앗을 찾았다.

유기견과 들고양이들

날 버리지 말아요
아직도 생각이 나네요

그대의 따스했던 손길이
모두 그것이 그것이라 하지만
두리뭉술 실상
그것이
그것 아니었다 하네요

날 울리지 말아요
지금도 눈물이 흐르네요

그대의 발길질 한번으로
가슴 멍들어도
나 그댈 그리워 지금도
눈물 떨궈요

소망 모아 꿈을 꾸듯
기쁨 모아 행복하게

시나브로

그대 곁으로 가는 꿈을

매일매일 꾸어요

* 새벽녘 길거리는 유기견과 들고양이가 참으로 많다. 도시 속 공존에서 씨앗을 찾았다.

부용의 눈물

얼마나 그리우셨으면
임 가신 녹천당에서
사후를 논하셨습니까

얼마나 보고 싶으셨으면
평안 성천에서
천안 광덕으로 오셨습니까

그렇게 못 잊으셨으면
합장이라도 하시지
산책로에서 임을 기다리십니까

부용
그대의 눈물이 촉촉하게 젖어
아직도 봄비로 내립니다

* 비 오는 광덕산 부용묘 추모제에서 씨앗을 찾았다.

목석애 화가를 만나다

모든 것은 꿈속에서 이루어졌다

고흐도 고갱도
그는 꿈속에서 대화를 했다

매일 인내하며
삶으로부터 실험 당하고
많은 스트레스와 피로감
그를 살아있게 하는 양식이다

오늘도 내일도
흙으로 돌아가는 그날까지
끊임없이 풀무질 하듯
그는 움직일 것이다

하늘에 달이 매달린다
안경 너머 꿈속에서 보았던

환희를 지금

그는 미소로 담고 있다

* 크레파스 화가 전시회장에서 목석애 화가를 만나 작품 설명을 듣다가 씨앗을 찾았다.

점프 점프 흔들어

불 밝혀라 (라랄라)
반딧불이 잡아
무대 만들고
광란의 축제 즐기세

미친 듯 흔들어라 (라랄라)
무당벌레 잡아
하늘에서 돌리고
몸에 묻은 먼지까지 털어내세

오늘 하루만 (워워워)
자신을 위해 흔들고
자신을 위해 울분 토하고
가정의 평화 위해 눈물 버리세

이 세상 끝나는 기분으로 (워워워)
점프 점프 흔들고
뒤뚱 뒤뚱 비틀고

심장에 머문 찌끄러기

스트레스를 날려보세

* 띠동갑 모임에서 나이트클럽을 단체로 갔다가 광란의 무대를 보고 씨앗을 찾았다.

닥터 털보

나는 그를 모릅니다. 그러나
봄날의 새순같이 그의 두 볼엔
마치 눈엽이
돋아난 것 같았습니다

허허 웃음에
행복이 묻어 있습니다
잔잔한 미소에
푸근함이 묻어 있습니다

나는 그를 잘 모릅니다. 그러나
온몸을 감싸 안고
지나가는
아우라 꽃을 보았습니다

삶의 무게를 아는 닥터 털보
따스함도 나눠 쓰고

행복도 나누어 갖는

현자였습니다

* 현자 : 현명한 사람
* 눈엽 : 곱고 부드러운 잎
* 문은수 치과 이사장님의 나눔봉사 행사장에서 따스한 씨앗을 찾았습니다.

선머슴 그녀

말라깽이 선머슴아
그녀의 첫 이미지는
선머슴아 스타일

태풍은 고사하고
작은 눈보라에도
흔들릴 것 같은
말라깽이
가냘픈 스타일

작은 소극장 홀
해맑은 미소는
은은하게 퍼진다

오늘 눅눅했던 하늘
맑은 미소로 마음은
밝아질 것 같다

* 모델 겸 가수 김진향 강연을 듣고 그의 모습에서 씨앗을 찾았다.

구름을 걷다

울림소릴 듣는가
작은 체형에서
흘러나오는 애절함

들음의 소리로 듣는가
우릴 위해 부르는
절규의 가슴앓이
눈물의 노래를

울지 마라 어린 새여
그대의 애절함 속에
아픔이 묻어 있구나

하늘 향해 소릴 지르고
난 구름 위를 걸으며
천상의 소릴 듣노라

* 팝페라 가수 씨클라인(윤예원) 공연과 뒤풀이 자리에서 많은 대화와 독창을 듣고 씨앗을 찾았다.

댄스 댄스

흔들어~(댄스 댄스) 흔들어~(댄스 댄스)
나의 마음 너의 마음 흔들어 흔들어!!

얼굴은 하얀 미소 두 팔은 하늘 향해
흔들어~(댄스 댄스) 흔들어~(댄스 댄스)!!

재능은 소리 없이 죽어가 (죽어가)
스펙만 쌓은 꿈은 사라져 (사라져)!!

마음껏 소리 질러~~~
가슴속 울분까지 토해내
울고~~ 흔들고(댄스 댄스)
소리치고 비비고(댄스 댄스)!!

흔들어~(댄스 댄스) 흔들어~(댄스 댄스)
나의 마음 너의 마음 미치도록 흔들어!!

머리부터 발끝까지 흔들어 흔들어
꿈을 좇는 젊음은~ 소리쳐 소리쳐!!

재능은 필요 없어 흔들면 되는 거야
스펙은 필요 없어 현실이 있잖아~!!

미치도록 아프게~ 하는~~ 고뇌는
하루살이 같이~~ 내 맘을~ 흔들고~
어린 시절 꿈꾸었던 밝은 태양 지금~
눈앞에서~~~~ 스펙으로 병들어가!!

| 작품해설 |

갈등을 극복하는 건실한 의지

— 류봉희 2시집의 작품 세계

문학평론가 리 헌 석

(사) 문학사랑협의회 이사장

1.

류봉희 시인의 작품을 읽으면서 먹먹한 아픔을 공유한다. 아픈 사람이 더 아픈 사람을 위로하는 따스한 가슴을 공유한다. 그리하여 스스로 아픔의 늪에서 벗어나는 아름다운 비상에 찬탄의 박수를 보낸다. 이와 같은 정서의 공유는 그의 삶과 작품이 교집합(交集合)을 생성하는 진실에 바탕한다. 그 삶의 궤적을 따라 작품 감상의 여로에 나선다.

류봉희 시인은 개발 열풍의 돛을 달았던 1969년에 대전광역시 서구 관저동에서 출생한다. 이곳은 그야말로 상전

벽해(桑田碧海)로 변신한 곳이다. 그가 태어날 때만 해도 수목이 드문드문 있는 야산과 밭, 그 사이로 오솔길이 있고, 그 주변에 정을 나누며 사는 인가(人家)가 있던 곳이다. 현재는 모두 아파트 숲으로 하늘을 찌르고 있어, 그는 고향이 있어도 고향을 잃은 실향민(失鄕民)이다. 그는 이곳에서 초중고와 대학교까지 졸업하고, 잠시 회사원으로 근무하다가 사업가로 나선다. 이때부터 그의 고단한 삶이 시작된다.

사업은 언제나 그렇듯이 흥망성쇠(興亡盛衰)의 사이클을 그리며 성장하기도 하고, 하향곡선을 그리다 폐업에 이르기도 한다. 시인 역시 이와 같은 부침(浮沈)의 되풀이를 경험한다. 흥성(興盛)의 시기에 준비를 하지 않으면, 하향 곡선을 그릴 수도 있는 법, 이러한 현상이 거듭되면 절망하게 되고, 끝내 막다른 극점에 이르기도 한다. 류봉희 시인의 작품에서도 이와 같은 아픔이 때로는 직설적으로, 때로는 간접적으로 형상화되어 나타난다. 그러나 시인은 시를 빚으면서, 어둠 속에서 빛을 찾아 나선다.

날고 싶다
펼칠 수 없는 날개와
달릴 수 없는 다리로
하늘을
날아오르고 싶다.

달리고 싶다
꺾인 날개와
부러진 다리가 되어도
숲길을 달리고 싶다

빙글 그려진 원 안에서
날갯짓 못 하지만
그래도 한때는
날아오른 적이 있었다

—「날고 싶다」 일부

꺾이어서 펼칠 수 없는 날개, 부러져서 달릴 수 없는 다리는 절망적인 현실의 비유일 터이다. 그 절망과 고통 속에서 벗어나고자 하는 시인의 뜨거운 열망이 이 작품의 원천이다. 〈한때는/ 날아오른 적이 있었다〉고 회상하면서, 그때 준비하지 못한 회한에 휩싸였을 것 같다. 이러한 상황은 시인으로 하여금 〈영혼이 무너지고/ 먹먹한 삶의 외로움〉을 체험하게 한다. 또한 〈닭장의 새처럼/ 쉼 없이 처량〉한 처지로 자신을 인식하며, 시인은 '달리고 싶다' '날고 싶다'라는 명제의 끈을 놓지 않는다. 이는 그가 시인이기에 가능한 일이었을 터이다.

작품 「고백」에서 그는 〈이슬비 내리고/ 모래 틈 사이로/ 내 열정이 들어갑니다〉라고 노래한다. 여기에서 그의 '열정'은 '시멘트' 역할이다. 물(이슬비)+모래+시멘트(열정)가 혼합되면 콘크리트가 형성되는데, 시인은 이처럼 단단하고자 한다. 이 단단함은 '시창작'으로 승화되어, 〈먼지처럼 사라질 시향/ 그래도 하나둘/ 읽혔으면〉 좋겠다는 소망을 잉태한다. 자신의 시가 독자들의 가슴에 남기를 소망한다. 먼지처럼 사라질 시향(詩香)일지라도, 그는 〈보이지 않는/ 언어의 영혼/ 글쟁이〉로서 '날고 싶다'는 소망을 되살리는 시인이다.

2.

류봉희 시인은 고등학교 시절에 독일의 대표적 서정 시인(詩人) '하이네'에 심취하였다고 한다. 간결하면서도 서정적이고, 단순하면서도 다양한 제재로 아름다눈 사랑을 노래한 작품에 경도되었던 듯하다. 이후 의무경찰에 입대한 후부터는 당시에 선풍을 일으키던 서정윤 도종환 시인의 시세계를 탐닉하였다고 한다. 한편 시에 몰입하던 20대 초반에 그는 필자가 주재하는 '목요 시합평회'에 참여하여 시 창작의 밭을 일군 인연이 있다. 그때 시에 대하여 나눈 이야기가 류봉희 문학의 바탕을 이루었다고 말한다. 2000년대 중반부터 그는 사업가로서 바쁜 나날을 보내다가 2010년대에 이르러 잊었던 시 창작에 다시금 불을 붙인다.

시를 다시 빚기 시작한 류봉희 시인의 작품을 읽으면서

연꽃을 연상한다. 진흙에 뿌리를 내리고 흐린 물에 흔들리지만, 꽃대를 물 밖으로 곧게 세우고 아름다운 꽃을 발화하는 그림이 그려진다. 이 꽃은 기다림의 결실이다. 이 꽃은 소망의 증표(證票)이다. 이러한 증표를 시인은 작품으로 빚는다.

작품 「그림 그리기」에서 시인은 '보이는 세상'을 그림으로 인식한다. 〈노랗게 물든 배론 성지 공원에/ 붉게 물든 단풍잎 섞어/ 수채화를 그린다〉고 구체화한다. 〈건물도 넣고/ 사람도 넣고/ 그리움까지 그려본다〉에서 그의 내면이 명징하게 드러난다. 그림에 '그리움' '따스한 마음'까지 찾아 그려 넣는 것은 바로 서정시를 창작하는 시인의 본령(本領)일 터이다.

그대와 함께하는 꿈을
매일 봅니다

간밤에
숲길을 어루만지면
향긋한 내음으로
콧잔등을 간지럽히고

계곡물 졸졸 흐를 때
혀끝으로 휘저으면
황홀함에 파르르
몸부림 합니다

그대와 함께하는 그림을
매일 그려 봅니다

―「매일 그대와」 전문

이 작품의 '그대'는 특정되지 않은 대상으로 보인다. 물론 마음에 품고 있는 연인일 수도 있고, 마음을 나누는 친구일 수도 있겠지만, 자신에게 다가와 주기를 기다리는 막연한 그리움의 '객체'로 보인다.

그러나 작품 「보고 싶소」에서는 그리움의 대상이 좀 더 구체적이다. 〈웃음 가득 머금고 있는/ 그 미소 그 눈짓〉에 시인은 자신을 잊을 정도로 몰입한다. 〈낭랑한 소리/ 귓속에 들려오고/ 그대의 미소에 취한 난/ 머릿속 꿈길에서〉 그대의 이름을 되뇐다. 〈눈 감으면 떠오르는 얼굴/ 웃으면 웃는 미소가/ 꽃이 되는 그대〉여서 함께하고 싶은 '아름다운 꽃'이라고 한다. 이런 경향의 작품들을 통하여, 시인은 지천명(知天命)에 이른 노총각의 그리움을 절실한 정서로 환기(喚起)한다. 그러나 시인은 세상 속의 그리움에 침잠하지 않고, 역사 속에서 존경하는 인물을 찾기도 한다.

바람이 아우내 공원을
세차게 휘몰아 돌고 갑니다

사람의 발길이 아쉬워
옷깃을 부여잡게 하고

가슴 깊이 흔적을 아로새깁니다

눈을 감으니
바람이 시를 읊조립니다

그동안 잊혀 왔던
유관순 열사의 아픔이
센바람으로 다가와
얼얼하게 합니다

—「아우내 공원」 전문

천안에는 '아우내 공원'이 있다. 3.1만세 운동에 앞장섰던 유관순 열사를 기려, 열사의 고향 아우내에 조성한 공원이다. 이곳을 찾은 시인은 '바람'을 매개로 자신의 내면을 작품에 반영한다. 1연의 바람이 이 공원을 〈세차게 휘몰아 돌고〉 가는 것은 4연의 〈센바람으로 다가와/ 얼얼하게〉 깨닫도록 한 장치이며, 정서적 수미상관(首尾相關) 기법이다. 서로 관련을 지으면서 점층적 효과를 기대한 형상화이다. 그는 이 아우내공원에서 '바람'을 통하여 평소에 잊고 있었던 '유관순 열사의 아픔'을 되살리며, 나라사랑과 겨레사랑을 새롭게 다진다. 이러한 내면의 오롯함을 보여주는 작품이다.

3.

류봉희 시인은 당당하게 말한다. 자신은 사업을 하다가 실패하여 경제적 고통을 받았다. 당시의 고통과 괴로움을 작품으로 빚어 SNS 영토(領土)에 발표함으로써 수많은 '인터넷 친구'들을 만나 절망적 정서를 극복하였다고 고백한다. 특히 2010년대 초에 개인회생 절차를 밟을 때부터 시작하여, '경제적 복권'이 이루어졌을 때까지 고통을 겪고 있는 그들과 소통하며, 문학 작품의 공유로 큰 호응을 얻는다.

이를 바탕으로 문학 창작에 전념하여 뛰어난 작품을 빚는다. 이 작품들로 2012년에 『한국미소문학』의 신인상에 당선되어 등단한다. 이어 2013년에 첫 시집 『생각의 차이』를 발간하여 아직도 경제적 회생절차를 받지 못한 이들을 위무(慰撫)한다. 현재 충청남도 천안시를 삶의 근거지로 삼아 한국문인협회와 천안지부 회원으로 활동하며 작품 창작에 열중한다.

류봉희 시인의 시를 읽으며 한없는 고독을 공유한다. 혼자 있어도 외롭고, 여럿이 있어도 빚어지는 '군중 속의 고독'에 빠져들게 하는 마력(魔力)을 보인다.

〈통증으로 외로움을 호소하며/ 누구나 가슴 부여잡고 아프면/ 나약한 외톨이가 되는 삶의 진실/ 으엉 으엉 눈물이 흘러내리고 있습니다〉라며 외로움의 극점을 형상화한다. 〈동행 없는 외톨이로/ 외로운 길을 홀로 나서는 것은/ 외발자전거 타는 것처럼/ 위태롭게 굴러가는 것입니다.〉라고 어려운 이웃에게 선배로서 훈수를 두지만, 이 말은 자신에게도 해당하는 격려이다. 그리하여 스스로 〈더불어 동행할 수 있는 삶을 찾아/ 외로움의 무덤에서 벗어나려 합니다〉라는 각성(覺醒)에 이른다.

서리 내리던 날 아침
까치밥 주렁주렁
맛깔나게 영글었다

나무 밑 쭈그려 앉으면
홍시 떨어질까
입을 벌려 보아야
맛을 느낄까

어느새 해질녘
궁시렁 궁시렁
저린 다리 일으키며
돌을 던져본다

오늘 홍시 먹기는 틀렸어
내 것이 아니었던 게지
내 것과 네 것
욕심이 나를 병들게 한다

—「내 것과 네 것」 전문

읽으면서 이해가 가능할 정도로 평이한 작품이다. 그렇

지만 이 작품에는 주목해야 할 의미와 가치가 내재되어 있다. 서리가 내린 추운 날에 바라보니 감나무에 까치밥으로 남겨둔 홍시가 주렁주렁 매달려 있다. 그렇지만 홍시는 시인에게 '그림의 떡'이고 '풍요 속의 빈곤'이다. 나무 밑에 쭈그려 앉아서 떨어지는 홍시를 받아먹으려고 하는 태도, 돌 몇 개 던져서 떨어지면 주워 먹으려고 하는 자세는 소극적 삶의 양상이다. 〈오늘 홍시 먹기는 틀렸어/ 내 것이 아니었던 게지〉라고 포기하는 것도 같은 양상이다. 그렇지만, 〈내 것과 네 것/ 욕심이 나를 병들게 한다〉는 깨달음은 바로 '염결(廉潔)한 내면'의 투영이다.

특히 어려운 시기를 겪고 있는 수많은 이웃, 고통스럽게 경제적 회생절차를 밟고 있는 그들에게 시인은 희망의 메시지를 전하고자 한다. 그 과정의 고통을 속속들이 알고 있는 시인이기에 당시의 아픔과 소망을 작품에 담아 그들과 소통하고자 한다. 그런 내면을 투영한 작품이어서 류봉희 시인의 독자적 문학성을 발현한다.

세월아 걷자꾸나
헐떡이는 숨 진정시키고
행복 찾아 걷자꾸나

숨 가쁘게 달려온 시간
아프기만 하니
이젠
행복 찾아 걷자꾸나

얼굴에 그린 그림이
밝은 미소로 꽃 피우면
참 행복이라

이제는
그 웃음 꽃 찾아
헐떡이던 숨 진정시키고
세월아 걷자꾸나

―「걷자 걷자꾸나」 전문

서두부터 〈세월아 걷자꾸나〉 청유형 어미에 강조의 뜻을 담아 당부하는 마음이 따뜻하고 건실해 보인다. '세월아'라고 하였지만, 시인이 '세월'에게 함께 걷자는 말은 아닐 터이다. 아프게 감내하는 기간의 대유(代喩) 겸 '절망하고 주저앉아 있는 사람들'의 총체적 의인화로 보아야 할 터이다. 이와 같이 짧은 시행에서 우리는 많은 상상을 하게 되는데, 이러한 표현이 류봉희 시인의 독특한 매력이다. 4연에서 시인은 〈헐떡이던 숨 진정시키고/ 세월아 걷자꾸나〉 다시 반복하는데, 이 역시 포기하지 말고 치열하게 극복하자는 메시지일 터이다.

그는 작품 「굴레의 늪」에서 '경제적 회생'이 얼마나 멀고 힘든 길인지 밝히고 있다. 걷고 또 걸었더니 화면이 빠르게 바뀌면서 달팽이 개미 등 곤충들이 뒤처지는 것을 보았다며 열심히 노력하는 모습을 그린다. 그러나 〈시야에 들어온 것은 익숙한 환경/ 다시 하늘을 보니 그 자리 그대로〉여서 절망한다. 그리하여 〈비슷한 환경 속의 친구들/ 구원의 손길로/ 햇살 가득한 깨달음 주시길〉 각자 다른 믿음의 그분들께 기도한다. 이렇듯이 류봉희 시인은 어려움에 처한 이웃에 대한 절실한 사랑을 작품에 담아내어 위로와 사랑을 나눈다.

4.

대학(大學)의 정심장(正心章)에 〈마음에 있지 않으면 보아도 보이지 않고, 들어도 들리지 않으며, 먹어도 그 맛을 알지 못한다.〉(心不在焉 視而不見 聽而不聞 食而不知其味)라는 고사(故事)가 있다. 이 말은 눈에 비추어지는 온갖 사물이 모두 기억에 남거나 의미가 있는 것은 아니라는 말이다. 주의를 기울이고, 관심을 집중하는 사물이어야 인식의 그물에 걸린다는 말이다. 환언하면 관심도 없고 집중하지 않으면 아무리 눈에 비추어도 의미가 없다는 말이다.

류봉희 시인은 어려운 이웃에 대한 관심과 사랑이 남다르다. 자신이 겪었던 어둠의 통로를 통과하고 있는 사람들에 대한 관심과 사랑이 눈물겹다. 그래서 남을 돕는 일에 앞장서는 사람들에 대한 눈길이 곱다. 가까이에서 서로 도우며 살아가는 모습에서 '시의 씨앗'을 찾아낸다.

나는 그를 모릅니다. 그러나
봄날의 새순같이 그의 두 볼엔
마치 눈엽이
돋아난 것 같았습니다

허허 웃음에
행복이 묻어 있습니다
잔잔한 미소에
푸근함이 묻어 있습니다

나는 그를 잘 모릅니다. 그러나
온몸을 감싸 안고
지나가는
아우라 꽃을 보았습니다

삶의 무게를 아는 닥터 털보
따스함도 나눠 쓰고
행복도 나누어 갖는
현자이십니다

—「닥터 털보」 전문

첫 행에 〈나는 그를 모릅니다〉라는 역설적 진술이 이 작품을 시답게 한다. 알면서도 모른다고 할 때, 우리는 '잘 안다'는 의미로 수용한다. 정말 시인이 문은수 원장을 모른다면, 2행부터 마지막행까지 구체화한 것은 거짓이 되기 때문이다.

문은수 원장의 본업은 치과 병원을 운영하는 치과 의사이다. 동시에 봉사의 전범을 보여주는 분으로 여러 방면에서 존경을 받는 분이다. 세계 어린이들이 '소아마비'로 부터 해방되도록, 소아마비 백신을 무료로 온 세계에 지원한 국제 로타리(ROTARY)의 지구(地區) 총재를 지낸 분이다. 지역의 문학 발전을 위하여 천안문인협회 후원회장을 맡아 적극적으로 돕는 분이다. 이외에도 지역사회의 어려운 이웃을 위하여 봉사하는 분이다. 그래서 시인은 〈삶의 무게를 아는 닥터 털보/ 따스함도 나눠 쓰고/ 행복도 나누어 갖는/ 현자〉라고 칭송하기에 이른다. '허허' 웃음에 행복이 묻어나는 사람, 잔잔한 미소에 푸근함이 묻어나는 사람, 온몸을 감싸 안고 지나가는 '아우라 꽃'과 같은 사람과 동시대를 함께 사는 것만으로도 세상을 아름답게 볼 수 있는 것이다.

세상을 아름답게 보게 하는 인물에 '아버지'와 '어머니'가 있다. 아버지와 어머니는 세상의 어떤 잣대로도 잴 수 없고, 어떤 인물이나 사물과 비교할 수 없는 절대성을 지닌다. 그리하여 무조건적인 신뢰의 원천, 사랑의 화신, 한없는 그리움의 대상이다.

비가 내리는 날
낙엽 소리를 듣네

오후엔
창가에 앉아
흐릿해져 가는

아버지를 회상하네

시간은 흘러도
곁에 항상 계셨음을
어찌 잊으리오

비가 내리는 날
문득
그리움으로 오시네

—「그리움으로 오시네」 전문

낙엽이 지는 가을, 비 내리는 날 시인은 창가에 앉아 아버지를 회상한다. 그랬더니 아버지에 대한 그리움이 더 간절하게 차오른다. 이와 같은 '그리움'은 아버지의 소천(召天)으로 더욱 절절한 정서를 환기한다.

작품 「이제는」에서 아버지를 영결할 때 샘솟는 슬픔을 만나게 된다. 아버지께서는 〈청마 타시고/ 복 가득한 그곳으로/ 가시려나 봅니다.〉는 영결식장에서 아버지를 마지막으로 보내드릴 때의 정서로 보인다. 〈미세 먼지/ 자욱한 하늘/ 눈 샘에서 쏟아지는/ 물줄기로 씻겨 드려요〉는 걷잡을 수 없는 비통(悲痛)의 다른 표현이다. 〈남아 있는 미련은/ 나중에 옷고름과 같이/ 보내 드릴 테니/ 맘 편히 가시옵소서〉 역시 영결의 정서적 반향이다.

5.

세상의 온갖 풍파를 겪은 사람은 외양이 건실하고 내면이 견고하게 마련이다. 웬만한 풍랑이 몰아쳐도 의연하게 항해할 수 있는 당당함이 있다. 류봉의 시인이 그러하다. 그리하여 그를 움직이게 할 수 있는 것은 자신뿐이다. 스스로 두려워하면 두려운 것이고, 스스로 찬탄하면 칭찬받을 일이다. 이는 '속박이나 장애 없이 마음대로 함'의 자재(自在)에 닿아 있다. 그러나 사람은 모두 완벽할 수 없기 때문에 늘 자신을 경계하며 살아가게 마련이다.

"수영도 못 하는 놈이
뭍에서 허우적거리는 꼴이다."
난 허허 웃었다

그가 말하길 "우스운가?
이 가면 속 광대가
그대였음을 아시는가?"

난 그래도 허허 웃는다
짠 물줄기가 이미
입가에 묻어 있기 때문이다

—「광대」 전문

그와 대화를 나누던 일화(Episode)를 간략하게 묘사한 작품이다. 수영도 못 하며, 뭍에서도 허우적거리는 꼴이라고 자신을 희롱하지만, 시인은 '허허' 웃을 뿐이다. 자신을 업신여길 때 웃으며 참을 수 있는 사람의 인품은 견고하다. 작은 언사에 일희일비(一喜一悲)하지 않고, 〈그래도 허허 웃는〉 시인의 건실한 인품을 확인하게 된다.

이렇게 인내하는 자신을 그는 '별종'이라고 밝힌다. 〈힘들면 울고/ 외로우면 웃고/ 나만 외톨이인가 봐〉에서 '희로애락(喜怒哀樂)'에 무덤덤한 자신을 돌아본다. 〈밋밋한 날 넋 놓고/ 왁자지껄 시끄러운 날 흘려듣고/ 나만 별종인가 봐〉라는 자아 인식에 이른다. 이렇듯이 얕은 정서에 흔들리지 않고 〈오늘도/ 인연 있는 분이/ 무서움과 싸우시는 듯하여/ 언어를 내려놓고 갑니다〉라고 밝힌다. 여기에서 '언어'는 그 분에게 위로와 격려가 되는 말과 글을 포괄한다.

류봉희 시인의 2시집을 감상하면서 참으로 많은 깨우침을 얻는다. 힘든 자신보다 다른 이들의 힘듦을 위로하는 자세가 오롯하다. 훌륭한 일을 하는 분, 미술 음악 등의 예술에서 일가를 이루며 전심전력하는 분, 그리고 이웃하고 있는 분들에 대한 관심과 존경도 작품에 담아낸다. 이러한 형상화에 찬탄하면서 류봉희 2시집의 작품 감상을 맺는다.

류봉희 시집
건자, 건자꾸나

발 행 일 | 2018년 2월 10일
지 은 이 | 류봉희
발 행 인 | 李憲錫
발 행 처 | 오늘의문학사
출판등록 | 제55호(1993년 6월 23일)
주 소 | 대전광역시 동구 대전로 867번길 52(한밭오피스텔 401호)
전화번호 | (042)624-2980
팩시밀리 | (042)628-2983
전자우편 | hs2980@hanmail.net
카 페 | cafe.daum.net/gljang(문학사랑 글짱들)
cafe.daum.net/art-i-ma(아트매거진)

공 급 처 | 한국출판협동조합
주문전화 | (070)7119-1752
팩시밀리 | (031)944-8234~6

ISBN 978-89-5669-896-0
값 9,000원